W0337412

Verlag Friedrich Pustet

REGENSBURG

Fotos · Photos · Foto
Thomas Ferber

Texte · Texts · Testi
Peter Morsbach

„Regensburg liegt gar schön…“

schrieb Johann Wolfgang von Goethe, als er 1786 auf seiner italienischen Reise in die alte Reichsstadt kam. Die mächtigen Mauern des römischen Legionslagers Castra Regina, 179 n. Chr. unter Kaiser Marc Aurel gebaut, sah er nicht, denn sie waren noch nicht wieder aufgedeckt. Aber die Bajuwaren, die das alte Römerlager im 6. Jahrhundert zur ersten „metropolis“ des Herzogtums machten, hatten sie als uneinnehmbare Festung genutzt. 739 Bischofssitz, nach 788 zeitweise Residenz Kaiser Karls des Großen, stieg die Stadt rasch zu einer reichen Handelsmetropole auf. Während des Mittelalters bildete Regensburg einen der zentralen Verkehrsknotenpunkte der Königs- und Heeresstraßen. Die Reiserouten der Herrscher und Kaufleute führten von hier in alle Teile Europas: nach Sachsen, Böhmen, Polen, Russland und Byzanz, ins Main- und Rheintal, nach Frankreich, nach Augsburg, Nürnberg, Magdeburg, Eger, Prag, Wien und nach Venedig, Bologna und Palermo. Es gab nicht nur große Klöster als Horte der Kultur und Wissenschaften, schon seit dem 11. Jahrhundert entstanden Häuser in Stein. Mit der Erhebung zur Freien Reichsstadt 1245 setzte ein neuer Bauboom ein, der die Einzigartigkeit des Stadtbildes mit seinen über 1400 denkmalgeschützten Gebäuden bis heute prägt: Allein Dutzende mächtiger Kaufmannshäuser und Patrizierburgen mit hoch aufragenden Türmen wuchsen in kurzer Zeit empor, überragt vom gotischen Dom, dem größten Bauunternehmen der Regensburger Geschichte. In der Zeit um 1400 kam mit dem einsetzenden Niedergang der Handelskraft auch die Bautätigkeit langsam zum Erliegen. Seit etwa 1500 entstand kaum noch etwas Neues, und da kein Krieg, auch nicht der Zweite Weltkrieg, verheerende Schäden anrichtete, blieb die mittelalterliche Altstadt Regensburgs über alle Zeiten hinweg erhalten.

1542 trat Regensburg zum Protestantismus über, doch blieben der Bischofssitz und die Klöster bestehen, denn die Stadt musste die Konfessionen schützen. Aufgrund der günstigen geografischen Lage wurden seit dem Ende des 16. Jahrhunderts die Reichstage nur noch nach Regensburg ausgeschrieben. So war es nur konsequent, dass hier mit dem Immerwährenden Reichstag von 1663-1806 der erste ständige Gesandtenkongress der deutschen Geschichte stattfand, durch den auch die Fürsten von Thurn und Taxis nach Regensburg kamen. Die trotz des Reichstages völlig verarmte Stadt verlor mit dem Ende des Heiligen Römischen Reiches Deutscher Nation 1803/06 ihre Eigenständigkeit und kam 1803 an den Fürstprimas von Deutschland, Carl Theodor von Dalberg. Nach dem Übergang an das Königreich Bayern 1810 wurde Regensburg zwar Sitz des Regierungspräsidenten des Regenkreises, des heutigen Regierungsbezirks Oberpfalz, sank jedoch auf das Niveau einer Landstadt. Einen kurzzeitigen Aufschwung versprachen im Dritten Reich die Messerschmitt-Flugzeugwerke, die jedoch mit den Träumen vom Tausendjährigen Reich untergingen. Erst die Eröffnung der Universität 1967 und die Ansiedlung großer Industriebetriebe brachten die Stadt wieder nach vorne. Heute gilt Regensburg mit seinen 150.000 Einwohnern als eine der Wachstumsregionen Deutschlands, verpflichtet seiner reichen Geschichte, die sich jedoch nur mit einer gesicherten Zukunft in all ihren Facetten bewahren lässt.

“Regensburg is so beautifully situated…“

This is what Johann Wolfgang von Goethe wrote when he visited the ancient imperial free city on his famous journey to Italy. He could not see the mighty walls of the Roman legionary fortress built during the reign of the Emperor Marcus Aurelius in 179 A.D. as they had not yet been rediscovered and excavated. Many centuries earlier, however, the Bavarian tribes who made the former Roman camp into the main city in their dukedom did occupy the impregnable fortress. The centre of a bishopric after 739, the seat of the Emperor Charlemagne for some periods from 788 on, Regensburg quickly grew into a rich merchant city. During the Middle Ages, it lay at the junction of some of the most important royal and military routes. The journeys of great rulers and merchants began in Regensburg and led to all parts of Europe: to Saxony, Bohemia, Poland, Russia and Byzantium, to the valleys of the Main and the Rhine, to France, to Augsburg, Nuremberg, Magdeburg, Prague, Vienna, Bologna and Palermo. There were not only great abbeys in Regensburg, treasure-houses of culture and learning, but also, from the 11th century onwards, the first dwelling-houses built of stone. When Regensburg was granted the status of an imperial free city in 1245, a real building boom began and this has determined the unique appearance of the city, which has more than 1400 listed buildings, to the present day. Dozens of mighty merchants' houses and castle-like patrician mansions were constructed within a short time, with the Gothic cathedral, the largest building project in Regensburg's history, towering over them. The decline of Regensburg as a trading centre around 1400 gradually led to the end of the building activity. From about 1500, hardly any new buildings were added and, because no war, not even the Second World War, caused really serious damage to the city, the mediaeval centre of Regensburg was preserved throughout the centuries.

Regensburg converted to the Protestant faith in 1542, but the Catholic bishopric and the abbeys continued to exist. Because of its geographical position, all imperial diets were summoned to Regensburg from the end of the 16th century onwards. Thus it was only logical that, from 1663 till 1806, the Perpetual Imperial Diet, the first permanent parliament-like body in German history, met here. The Diet also brought the Princes of Thurn and Taxis to Regensburg. The city, completely impoverished despite the presence of the Diet, lost its independence when the Holy Roman Empire came to an end in 1803/06 and was given to Carl Theodor von Dalberg, the Prince-Primate of Germany. After being ceded to the Kingdom of Bavaria in 1810, Regensburg became little more than a sleepy country town, despite being made the seat of the governor of the Regen Administrative District, the present-day Upper Palatinate. The Messerschmidt aircraft factory promised a revival of the local economy during the Third Reich, but these hopes vanished along with the dreams of a thousand-year empire. It was only after the foundation of the university in 1967 and the settlement of major industrial firms here that the city began to recover. Today Regensburg, with its 150,000 inhabitants, is considered to be one of Germany's most rapidly expanding regions. It remains, however, conscious of its responsibility to its magnificent history, which can be preserved in all its facets only if the city's future is secure.

"Regensburg si trova in un sì bel sito..."

Così scrisse Johann Wolfgang von Goethe quando, nel 1786, nel corso del suo famoso viaggio in Italia, si trovò a passare per la vecchia Città Libera Imperiale. Non potè però vedere le imponenti mura del fortino di coorte Castra Regina, edificate nel 179 d.C. durante il regno dell'imperatore Marco Aurelio, perché a quell'epoca gli scavi non le avevano ancora riportate alla luce. Le tribù dei Baiuvari che avevano fatto del vecchio accampamento romano nel VI sec. la prima 'metropoli' del loro ducato, le avevano utilizzate per creare una fortezza inespugnabile. Sede vescovile già nel 739, dopo il 788 Regensburg fu per un certo periodo la residenza dell'imperatore Carlo Magno; la città diventò ben presto una ricca metropoli commerciale. Nel corso del Medioevo Regensburg si trovava in uno dei punti di congiunzione principali di importanti vie di comunicazione sia regali che militari. Gli itinerari di viaggio di regnanti e di commercianti conducevano qui da tutte le parti d'Europa: dalla Sassonia, dalla Boemia, dalla Polonia, dalla Russia ed anche da Bisanzio, dalla valle del Meno e del Reno, dalla Francia, da Augsburg, Norimberga, Magdeburgo, Eger, Praga, Vienna e anche da Venezia, Bologna e Palermo. A Regensburg non c'erano solo grandi abbazie, luoghi di cultura e di scienza, ma già dall'XI sec. iniziarono a sorgere anche edifici in pietra.

Con l'elevazione a Città Libera Imperiale, nel 1245, l'edilizia civile cittadina conobbe un nuovo periodo di splendore destinato a caratterizzare, con i suoi oltre 1400 edifici protetti, la fisionomia della città fino ad oggi: decine di importanti edifici mercantili e di case patrizie con le caratteristiche torri si moltiplicarono a gran velocità, tutte sovrastate dal Duomo gotico, il progetto edile più ambizioso della storia di Regensburg.

Nel periodo intorno al 1400 il declino di Regensburg come centro di commercio portò ad un'interruzione dell'attività edilizia.

Dal 1500 circa non è stato aggiunto praticamente nessun nuovo edificio al centro cittadino di Regensburg e, dato che nessuna guerra, nemmeno la seconda guerra mondiale, ha provocato danni irreparabili la fisionomia cittadina medievale si è conservata intatta fino ad oggi.

Nel 1542 Regensburg abbracciò la fede protestante, ciò nonostante continuarono ad esistire sia il vescovado che i conventi. Non solo per questo motivo, ma anche grazie alla sua posizione geografica favorevole, dal 1663 al 1806 le Diete Imperiali vennero tenute esclusivamente a Regensburg. La posizione geografica favorevole fece di Regensburg il luogo dove si tenne dal 1663 al 1806, la Dieta Imperiale Perpetua , il primo Congresso Permanente degli Ambasciatori della storia tedesca, in occasione del quale giunsero in città anche i principi Thurn und Taxis. Con la fine del Sacro Romano Impero di Nazione Germanica nel 1803/06 la città, ridotta ormai in miseria nonostante la Dieta Imperiale Perpetua, perse la sua indipendenza e nel 1803 passò sotto il governo del Primo Principe di Germania, Carl Theodor von Dalberg. Dopo essere stata ceduta al regno di Baviera, nel 1810, Regensburg, nonostante fosse stata fatta sede amministrativa del Distretto del Regen, l'attuale circoscrizione amministrativa dell'Alto Palatinato, perse prestigio e diventò piano piano una tranquilla città di campagna. Nel corso del Terzo Reich gli stabilimenti Messerschmitt, costruttori di aerei, promisero a Regensburg una ripresa economica, ma anche queste speranze erano destinate a svanire insieme al sogno di un impero millenario.

Soltanto con la fondazione dell'Università, nel 1967, e con l'insediamento di grandi stabilimenti industriali, la città riprese a guardare in avanti. Oggi Regensburg, con i suoi 150.000 abitanti, è considerata una delle regioni maggiormente in crescita della Germania, ma rimane una città conscia della sua responsabilità nei confronti della sua straordinaria storia che deve continuare a preservare in tutte le sue sfaccettature.

Annäherungen
Approaches
Uno sguardo più da vicino

Jahrhunderte lang zogen über die Steinerne Brücke als vornehmstem Zugang Besucher in die Stadt, Handwerker wie Kaiser. Das mittelalterliche Panorama, überragt vom gotischen Dom und den Patriziertürmen, beeindruckt bis heute zahllose Gäste.
Am südlichen Kopf der Steinernen Brücke steht der letzte der drei mittelalterlichen Brückentürme, erbaut um 1300 und nach dem Dreißigjährigen Krieg 1648 weitgehend erneuert.

For centuries, visitors of all kinds, ranging from craftsmen to emperors, came into the city from the Stone Bridge, its most magnificent approach road. The mediaeval panorama, dominated by the Gothic cathedral and the towers of the patricians' mansions, still impresses countless guests today. The last survivor of the three mediaeval bridge-towers stands at the city end of the Stone Bridge. It was built about 1300 and extensively restored in 1648, after the Thirty Years War.

Per centinaia di anni visitatori di ogni genere, dagli artigiani all'imperatore, si servirono del Ponte di Pietra per fare il loro ingresso in città. Il panorama medievale, dominato dal Duomo gotico e dalle torri patrizie, impressiona ancora oggi i numerosi visitatori.
Nella parte a sud del Ponte di Pietra si trova l'ultima delle tre torri medievali del ponte, edificata intorno al 1300 e radicalmente ristrutturata, nel 1648, dopo la Guerra dei Trent'anni.

Stolzes Zeichen einer reichen Handelsmetropole: Die Steinerne Brücke war zum Zeitpunkt ihrer Erbauung zwischen 1135 und 1146 mit über 330 Metern Länge die mächtigste Brücke Europas. Sie gilt als das bedeutendste noch voll in Funktion befindliche technische Bauwerk der Romanik.
Salz gehörte bis ins 18. Jahrhundert zu den wichtigsten Handelsgütern der Stadt. Daher flankieren am Ende der Salzstraße von Salzburg nach Regensburg zwei große Lagerhäuser den südlichen Kopf der Steinernen Brücke.

Proud symbol of a rich trading city: the ancient stone bridge, which is more than 330 metres long, was the biggest bridge in Europe when it was built between 1135 and 1146. It is generally held to be the most important technological monument of the Romanesque period that is still fully functional today. Salt was among the city's most important trading commodities until the 18th century. This is why two large salt warehouses flank the southern end of the Stone Bridge, which was also the end of the salt route from Salzburg to Regensburg.

Il fiero simbolo di una ricca metropoli commerciale: lo Steinerne Brücke (Ponte di Pietra) lungo più di 330 metri era, all'epoca della sua costruzione tra il 1135 ed il 1146, il ponte più lungo e più imponente d'Europa. Esso fu per molto tempo l'unico punto di transito sul Danubio tra Ulm e Vienna. È considerata l'opera tecnica di edilizia civile più importante dell'epoca romanica ad essere tutt'oggi ancora completamente funzionante.
Il sale è stato, fino al XVIII sec., uno dei beni commerciali più importanti della città. Per questo motivo l'estremità della Strada del Sale, che va da Salisburgo a Regensburg, è affiancata, sul lato a sud del Ponte di Pietra, da due grandi edifici che fungono da magazzino.

Die Donau, der mächtigste Strom Europas, war vom Anfang der Stadtgeschichte an der Schicksalsfluss Regensburgs. Auf dem wichtigsten Verbindungsweg nach Osteuropa zog schon die Burgunderkönigin Kriemhild nach Ungarn. Heute bringen luxuriöse Kreuzfahrtschiffe alljährlich viele Reisende nach Regensburg.

The Danube, Europe's mightiest waterway, has been closely linked with Regensburg since the very beginning of the city's history. Kriemhild, the famous Queen of Burgundy, once travelled to Hungary along the river, as it was the most important route to Eastern Europe. Nowadays, luxurious cruise-liners bring numerous guests to Regensburg every year.

Il Danubio, il fiume più importante d'Europa, è sempre stato per Regensburg, sin dagli albori, d'importanza decisiva. Anche Crimilde, la regina dei Burgundi, si è servita di questa determinante via di comunicazione con i paesi dell'Europa orientale per recarsi in Ungheria. Oggi sono le navi da crociera di lusso a portare, anno dopo anno, i numerosi turisti a Regensburg.

Neben dem Krãncherstadel an der Steinernen Brücke steht die Historische Wurstküche, das bekannteste Wirtshaus der Stadt. Dahinter ragt die Fassade des ehemaligen Gasthauses Zum Weißen Lamm empor, in dem auch Goethe, Mozart und Haydn übernachteten.

Beside the salt store to the left of the Stone Bridge is the city's best known restaurant, the Historic Sausage Kitchen. Behind it can be seen the façade of the ancient White Lamb Inn, which numbered Goethe, Mozart and Haydn among its guests.

Accanto al Krãncherstadel, vicino al Ponte di Pietra, si trova la 'Historische Wurstküche', la cucina storica delle salsicce più famosa di tutta la città. Alle sue spalle s'innalza la facciata di quella che era la locanda Zum Weißen Lamm (Dall'agnello bianco) che ha annoverato tra i suoi ospiti anche anche personalità importanti come Goethe, Mozart e Haydn.

Das auf der Nordseite der Donau gelegene Stadtamhof ist schon 981 belegt, wurde aber erst 1924 eingemeindet. Die Häuserzeilen des Marktplatzes wurden nach dem großen Brand Stadtamhofs 1809, als Folge der Napoleonischen Kriege, bis 1825 einheitlich neu gebaut.

Stadtamhof, on the northern bank of the Danube, is first mentioned in 981, but did not officially become part of Regensburg till 1924. A fire engulfed Stadtamhof in 1809 during the Napoleonic Wars, but, by 1825, the houses on either side of the market place had been rebuilt in uniform style.

Il quartiere di Stadtamhof, sul lato a nord del Danubio, citato già dal 981, fu inglobato alla città di Regensburg soltanto nel 1924. Il grande incendio del 1809, avvenuto in seguito alle guerre napoleoniche, causò la distruzione delle case che si trovavano su entrambi i lati della piazza del mercato. La loro ricostruzione, avvenuta in stile unitario, fu completata nel 1825.

Auf den beiden Donauinseln, dem Oberen und dem Unteren Wöhrd, standen zahlreiche Mühlen, von denen noch die Obere Mahlmühle aus dem 17. Jh. mit einem Mühlrad aus dem 19. Jh. erhalten blieb.

There were once quite a number of watermills on the two islands in the Danube. One of them, the 17th-century Upper Mill, has a mill-wheel dating from the 19th century.

Sulle due isole del Danubio, l'isola di Wöhrd Superiore e di Wöhrd Inferiore si trovavano numerosi mulini dei quali è rimasto intatto oggi soltanto il Mulino Superiore del XVII sec. la cui ruota risale al XIX sec.

Den östlichen Stadtzugang markiert das Ostentor aus der Zeit um 1300, das man von Wien, Passau und Straubing kommend passierte. Mit seinen beiden Flankentürmen ist es das einzige vollständig erhaltene Stadttor Regensburgs.

Travellers from Vienna, Passau and Straubing entered the city through the East Gate, which dates from c. 1300. It has two smaller towers flanking it and is the only complete gate-tower to have survived in Regensburg.

I viaggiatori provenienti da Vienna, Passavia o da Straubing dovevano fare il loro ingresso in città passando per l'Ostentor (Porta Orientale) che risale al XIV sec. Con le sue due torri laterali è l'unica porta della città di Regensburg ad essersi interamente conservata.

Südländisches Flair verbreiten bei der Auffahrt zum Bischofshof die zweigeschossigen Arkaden an der Westseite der Stephanuskapelle im Domkreuzgang. Im 16. Jh. kamen in Regensburg mit dem Vordringen der Kunst der Renaissance solche Hofarkaden und Laubengänge in Mode; Beispiele finden sich in den Innenhöfen etlicher Anwesen in der Altstadt.

The two-storey arcades on the west wall of St Stephen's Chapel in the cathedral cloisters have an almost Mediterranean quality as one drives up into the Bishop's Palace. Arcaded courtyards and covered walkways of this type came into fashion in the 16th century, when Renaissance styles reached Regensburg; examples can be found in the inner courtyards of various buildings in the old city centre.

Entrando nel cortile del Bischofshof (Palazzo Vescovile) si respira subito la tipica l'atmosfera mediterranea sottolineata dall'arcata a due piani situata sul muro occidentale della cappella di Santo Stefano nel chiostro del Duomo. Nel XVI secolo, sotto l'influenza dell'arte rinascimentale, si diffuse la moda delle arcate sul cortile e dei portici. Esempi di questo tipo di costruzione si trovano nei cortili interni di numerosi edifici della città vecchia.

Das Gasthaus zum Walfisch in der Gasse Unter den Schwibbögen bewahrte sein altes Wirtshausschild aus der Zeit um 1800, auf dem der Wal den Propheten Jonas ausspeit. Das Haus war Schauplatz amouröser Abenteuer von Sir George Etherege, 1685-89 englischer Gesandter am Immerwährenden Reichstag zu Regensburg.

The Whale Inn in the street called Unter den Schwibbögen still has its old sign dating from about 1800, which shows the prophet Jonah being spewed out again by the whale. The inn was the setting for the amorous escapades of Sir John Etheredge, who was English ambassador to the Perpetual Imperial Diet from 1685-89.

La locanda Zum Walfisch (Dalla balena), situata nel vicolo Unter den Schwibbögen, ha mantenuto la sua vecchia insegna risalente al 1800 dove è rappresentata la balena nell'atto di espellere il profeta Giona. La casa ha offerto lo scenario alle avventure galanti di sir John Etheridge, ambasciatore inglese alla Dieta Perpetua dal 1685-89.

Wirtshausschilder wurden seit dem 17. Jh. den Schänken durch die Stadt als offizielle Namensgebung und Bestätigung des Schank- und Beherbergungsrechts verliehen. Aus dem 18. Jh. stammt das Wirtshausschild Zum Blauen Hecht in der Keplerstraße, das seit dem 16. Jh. zu den angesehensten Wirtshäusern der Stadt gehörte.

From the 17th century, the authorities permitted city inns to display elaborate signs illustrating their names and confirming their right to serve alcoholic drinks and to provide lodgings. The inn sign outside the Blue Pike Inn in Keplerstrasse dates from the 18th century; the inn was one of the city's best-known hostelries from the 16th century.

A partire dal XVII sec. la città cominciò a conferire ai ristoratori le insegne da esibire nei locali insieme all'attribuzione ufficiale del nome ed al riconoscimento del loro diritto di vendere alcolici e di concedere alloggio. Risale al XVIII sec. l'insegna del locale Zum Blauen Hecht (Dal luccio blu) nella Keplerstraße, uno dei locali più rinomati della città già dal XVI sec.

Burgen, Türme, Bürgerhäuser
Castles, towers, mansions
Castelli, torri, palazzi borghesi

Die Fassade des von der Familie Tundorfer in der ersten Hälfte des 13. Jh. erbauten Goliathhauses gehört zu den eindrucksvollsten der Stadt. Wie bei vielen Patrizierhäusern steht der Turm auf der rechten Hausseite. Das im 19. und 20. Jh. erneuerte Monumentalgemälde des Malers Melchior Bocksberger von 1570/80 zeigt den Kampf Davids gegen Goliath.

Among the most impressive facades in the city is that of the Goliath House, built in the first half of the 13th century by the Tundorfer family. As is the case with many patrician mansions, the tower stands to the right of the house. Melchior Bocksberger's gigantic painting of the duel between David and Goliath dates from 1570/80.

La facciata della Goliathhaus (Casa di Golia), fatta costruire dalla famiglia Tundorfer nella prima metà del XIII sec., è tra le più interessanti della città. Come molte case patrizie l'edificio è dotato di una torre sul lato destro. Il monumentale dipinto del pittore Melchior Bocksberger, risalente al 1570/80 e rinnovato nel XIX e nel XX sec., rappresenta la lotta di Davide contro Golia.

Die Goliathstraße ist ein Abschnitt einer schon in der Römerzeit an der Mauer des Legionslagers von Ost nach West führenden Straße, deren Blickpunkt heute der gotische Rathausturm bildet (rechts).

Goliathstrasse is a section of a street that ran from east to west along the wall of the legionary fortress in Roman times. Today, the Gothic tower of the Old Town Hall forms the focal point at the end of this street (right).

La Goliathstraße fa parte di una strada che, già in epoca romana, portava da est a ovest passando lungo le mura del campo romano; oggi il punto focale al termine di questa strada è rappresentato dalla torre gotica del Vecchio Municipio (a destra).

goliath
HOTEL
CAFÉ • BAR

Der um 1260/70 erbaute Baumburger Turm am Watmarkt gehört zu den besterhaltenen Patriziertürmen der Stadt. „Ritter“ nannten sich die mächtigen Patriziergeschlechter, deren Vorrecht der Bau solcher Türme war.

The Baumburger Tower in Watmarkt, built 1260/70, is one of the best preserved patrician towers in the city. Only certain powerful families, who called themselves ‘knights’, enjoyed the privilege of being allowed to build such towers.

La torre Baumburger, edificata negli anni 1260/70, è una delle torri patrizie meglio conservate della città. Le potenti casate patrizie che avevano il privilegio di costruire questo tipo di torri si facevano chiamare ‘Ritter’ (Cavalieri).

Der frühgotische, um 1250 errichtete Goldene Turm in der Wahlenstraße ist mit knapp 50 Metern der höchste noch stehende Patrizierturm nördlich der Alpen. Inzwischen kennen wir weit über 100 Türme und Turmhäuser im mittelalterlichen Regensburg, das als „Stadt der Türme“ bis heute eine malerische Silhouette bietet.

The early Gothic Golden Tower in Wahlenstrasse was constructed about 1250. It is just under 50 metres high and is the tallest surviving patrician tower north of the Alps. We now know that there were well over 100 towers and tower-houses in mediaeval Regensburg. The 'City of Towers' still has a picturesque silhouette even today.

La Goldener Turm (Torre dorata), costruita verso il 1250 in stile primo gotico nella Wahlenstraße e alta quasi 50 metri, è la torre patrizia più alta tuttora esistente a nord delle Alpi. Attualmente siamo a conoscenza di oltre un centinaio di torri e di edifici torre che caratterizzavano la Regensburg medievale, la cui pittoresca silhouette le vale ancora oggi il nome di 'città delle torri'.

Das Zentrum der Kaufmannsstadt war das Alte Rathaus, eines der am besten erhaltenen mittelalterlichen Rathäuser Deutschlands. Den Baukomplex aus Turm und Ratsstube aus der Mitte des 13. Jh. (rechts im Bild) schließt nach Westen der ehemalige Fest- und spätere Reichssaal aus dem 14. Jh. ab, der um 1410 ein aufwändiges Portal erhielt.

The principal building in the merchant city was the Old Town Hall, now one of the best preserved mediaeval town halls in Germany. To the west of the tract that includes the tower and the mid-13th-century council chamber (on the right of the picture) is the wing that was built in the 14th century to hold the public assembly hall that would later become the Imperial Diet Chamber. The imposing portal was added c. 1410.

Il centro della città commerciale era l'Altes Rathaus (Vecchio Municipio) che è uno dei municipi medievali meglio conservati della Germania. Il complesso, che risale alla metà del XIII sec. ed è costituito dalla torre e dalla camera di consiglio (a destra nella foto), include l'ex salone per le feste, diventato poi la Reichssaal (Sala Imperiale) nel XIV sec.. Quest'ultima è stata dotata di un elaborato portale intorno al 1410.

Der Rathaus- oder Reichssaal gehört als Tagungsort zahlreicher Reichsversammlungen und als Plenarsaal des Immerwährenden Reichstages (1663-1806) zu den ehrwürdigsten Plätzen der deutschen Geschichte. Seine mächtige freitragende Holzdecke stammt von 1446/48, die Ausmalung von 1564.

The Town Hall Chamber, or Imperial Chamber, counts among the most venerable sites in German history: it was the place where many imperial assemblies met and, finally, the plenary chamber for the Perpetual Imperial Diet (1663-1806). Its massive, self-supporting wooden ceiling dates from 1446/48, the wall paintings from 1564.

La Sala del Municipio o Sala Imperiale, punto d'incontro di numerose riunioni imperiali e sala plenaria della Dieta Perpetua (1663-1806), è uno dei luoghi più venerabili della storia tedesca. Il suo imponente soffitto di legno senza elementi verticali portanti è del 1446/48, gli elementi decorativi pittorici sono del 1564.

Die Weingasse führt vom ehemaligen Weintor an der Donau auf den Altstadthügel zum Haidplatz. Im Mittelalter hieß sie „Zändinstraße" nach der hier ansässigen Kaufmannsfamilie Zant. Der Name Weingasse kam Ende des 17. Jh. in Gebrauch. Entlang der Weingasse stehen romanische und gotische Bürgerhäuser aus dem 12. und 13. Jahrhundert.

Weingasse leads from the former Wine Gate beside the Danube up the slope to Haidplatz in the city centre. In the Middle Ages, it was known as Zändinstrasse, after the Zants, a merchant family who lived here. The name Weingasse became current in the late 18th century. The Romanesque and Gothic houses of wealthy 12th and 13th-century citizens still line the street.

La Weingasse (Via del vino) conduce dalla vecchia Porta del vino sul Danubio ad Haidplatz passando sulla collina della città vecchia. Nel Medioevo si chiamava Zändinstraße dal nome della famiglia di commercianti Zant, che qui risiedeva. Il nome Weingasse è entrato in uso alla fine del XVII sec.. La Weingasse è incorniciata da case borghesi, romaniche e gotiche, del XII e XIII secolo.

Da der Immerwährende Reichstag die städtische Verwaltung nach und nach aus dem Alten Rathaus verdrängte, wurde es im 17. und 18. Jh. durch das barocke Neue Rathaus nach Osten erweitert.

As the Perpetual Imperial Diet needed more and more space in the Old Town Hall, the baroque New Town Hall was built to the east of it to accommodate the city administration.

Dato che la Dieta Perpetua aveva bisogno di sempre più spazio nei locali del Vecchio Municipio fu necessario, nei secc. XVII e XVIII, ampliare l'edificio verso est con la Neues Rathaus (Nuovo Municipio) in stile barocco per ospitare le stanze adibite all'amministrazione comunale.

Seit dem Bau des Verbindungsgangs von der Ratsstube zum Reichssaal im 15. Jh. ist das 1220/21 erbaute Bürger- und spätere Gasthaus Rotes Herz dahinter versteckt. Die Gassen konnten, zum Beispiel bei Unruhen oder Truppendurchmärschen, durch schwere Ketten abgesperrt werden.

Ever since a building was erected in the 15th century to connect the Council Chamber and the Imperial Chamber, the house behind it has been hidden from view. Erected in 1220/21, this private house later became the Red Heart Inn. The streets could be cordoned off with heavy chains in case of civil unrest, for example, or troop movements.

Dalla costruzione del passaggio che collega la Sala del Municipio alla Sala Imperiale, nel XV sec., l'edificio che si trovava dietro di esso è rimasto nascosto. Edificata nel 1220/21, questa abitazione borghese sarebbe poi diventata la locanda Rotes Herz (Cuore Rosso). I vicoli potevano essere chiusi al passaggio, per es. in caso di tumulti o di truppe in marcia, per mezzo di pesanti catene.

Die Konsolfigur eines Jünglings, der derb-provozierend sein Hinterteil entblößt, entstand um 1320/30 am Gumprecht'schen Haus in der Neuen Waag-Gasse zwischen Rathaus und Haidplatz.

The console figure of a young man baring his backside in coarsely provocative fashion was carved in 1320/30 on the façade of the Gumprecht House in Neue Waag-Gasse, which leads from the Town Hall to Haidplatz.

Il capitello pensile raffigurante un ragazzo nell'atto di denudare provocativamente la sua parte posteriore risale al 1320/30 e si trova nella Gumprecht Haus nella Neuen Waag-Gasse, strada che porta dal Municipio ad Haidplatz.

Der Haidplatz und seine Umgebung gehörten im Mittelalter zu den bevorzugten Wohngebieten des Stadtadels. Die Fassaden der Bürgerhäuser verleihen dem Platz seine südländische Atmosphäre. In der ehemaligen Nobelherberge Goldenes Kreuz mit ihrem zinnenbewehrten Turm waren von Kaiser Karl V. bis Fürst Bismarck und Kaiser Franz Joseph von Österreich viele bedeutende Personen zu Gast.

Haidplatz and its surroundings were the most desirable residential area for the leading citizens in the Middle Ages. The facades of their mansions give the square its almost Italianate atmosphere. Many famous people, including Emperor Charles V, Bismarck and Emperor Franz Joseph of Austria, stayed at the Golden Cross, formerly Regensburg's grandest hotel, in the building with the crenellated tower.

Haidplatz e i suoi dintorni appartenevano, nel Medioevo, alle aree residenziali preferite dalla nobiltà cittadina. Le facciate delle case borghesi conferiscono alla piazza la sua atmosfera mediterranea. Nell'ex albergo di lusso Goldenes Kreuz, con la sua torre merlata, sono state ospitate personalità di rango come l'imperatore Carlo V, Bismarck, l'imperatore Francesco Giuseppe d'Austria e molte altre.

Zwei Monumentalbauten beherrschen die Ostseite des Haidplatzes: links das Thon-Dittmer-Palais, das aus mehreren kleinen mittelalterlichen Häusern besteht, die 1809 eine große klassizistische Fassade erhielten, und die Neue Waag, eine Patrizierburg aus der Zeit um 1300. Sie befand sich seit 1441 in städtischem Besitz.

Two massive buildings dominate the eastern side of Haidplatz: Thon-Dittmer House (left), which consists of several mediaeval buildings linked together with a splendid neoclassical façade in 1809, and the 'Neue Waag', a castle-like patrician mansion dating from c. 1300. The latter came into municipal ownership in 1441.

Due edifici monumentali dominano il lato est di Haidplatz: a sinistra il Thon-Dittmer-Palais, che consiste di numerose piccole case medievali e che ricevette, nel 1809, una splendida facciata in stile neoclassico, e la Neue Waag, una casa patrizia risalente al 1300 circa che divenne proprietà del comune di Regensburg nel 1441.

In der städtischen Neuen Waag fand 1541 eines der drei Regensburger Religionsgespräche zwischen Katholiken und Protestanten statt, zu dem Kaiser Karl V. eingeladen hatte.

In 1541, the city-owned 'Neue Waag' was the setting for one of the three religious disputations between Protestants and Roman Catholics that were organised in Regensburg by Emperor Charles V.

Nella Neue Waag si tenne, nel 1541, una delle tre Dispute sulla Religione tra Cattolici e Protestanti tenute a Regensburg alla quale aveva invitato l'imperatore Carlo V.

Das Haus zur Arch auf der Südseite des Haidplatzes ist eine Vierflügelanlage aus dem späten 13. Jahrhundert. Die Arch besitzt einen etwa dreieckigen Grundriss. Der Name wird aufgrund ihres schiffsähnlichen Aussehens von der „Arche Noah" hergeleitet.

The late 13th-century house called 'Zur Arch' on the southern side of Haidplatz has four wings built around a central courtyard. The building is roughly triangular in shape and got its name from its resemblance to Noah's Ark.

La casa Zur Arch (Dall'arca) sul lato sud di Haidplatz è un edificio a quattro ali che risale al tardo XIII sec. costruito intorno ad un cortile interno centrale. L' Arch ha una forma quasi triangolare e deve il suo nome al suo aspetto che ricorda quello dell'Arca di Noè.

Die Rückseite der Häuserzeile an der Keplerstraße zeigt die zwei Typen mittelalterlicher Haustürme: Während die Patriziertürme, wie der des Gasthauses Zum Blauen Hecht (links), direkt an der Straßenfront stehen, bauten die mit den Patriziern konkurrierenden Kaufleute ihre Türme meist auf dem hinteren Teil des Grundstücks (rechts).

The rear view of this row of houses in Keplerstrasse reveals the two types of mediaeval tower house. Whereas the patricians' towers, like the one now belonging to the Blue Pike Inn (left), were built directly on to the street, the merchants, who were the patricians' rivals, preferred to build their towers at the back of their property (right).

La parte posteriore della serie di case nella Keplerstraße illustra i due tipi di torri civili medievali: mentre le torri patrizie, come quella della locanda Zum Blauen Hecht (a sinistra) erano costruite direttamente sulla strada, i mercanti, in diretta concorrenza con i patrizi, preferivano costruire le loro torri sulla parte più interna della loro proprietà (a destra).

Das Runtingerhaus in der Keplerstraße ging aus dem romanischen Giebelhaus aus der Zeit um 1200 auf der linken Seite hervor, das um 1400 von seinen Besitzern, der reichen Kaufmannsfamilie Runtinger, nach Westen mit einem Festsaal erweitert wurde. Die Runtinger führten im Spätmittelalter zeitweise den Vorsitz im Fondaco dei Tedeschi, der deutschen Kaufmannsniederlassung in Venedig.

The Runtinger family's mansion in Keplerstrasse began as the Romanesque gabled house (c. 1200) on the left. About 1400, the rich merchant family extended the house westwards by adding a great hall. In the late Middle Ages, the family acted for a while as governors of the Fondaco dei Tedeschi, the association of German merchants in Venice.

La parte sinistra della Runtingerhaus, nella Keplerstraße, deriva dalla casa romanica a frontoni del 1200 ca. Intorno al 1400 essa fu ampliata verso ovest con l'aggiunta di un salone delle feste dai proprietari, la ricca famiglia di commercianti Runtinger. Nel tardo Medioevo la famiglia Runtinger ricoprì per qualche tempo la presidenza del Fondaco dei Tedeschi, l'associazione dei commercianti tedeschi a Venezia.

Das Denkmal für Don Juan de Austria (1547-78) am Zieroldsplatz erinnert an den in Regensburg geborenen Sohn Kaiser Karls V. und der Bürgerstochter Barbara Blomberg. Don Juan ging als Sieger über die Flotte der Türken in der Seeschlacht von Lepanto 1571 als „Retter des Abendlandes" in die Geschichte ein. Das Original des Denkmals steht in Messina auf Sizilien.

The statue of Don Juan de Austria (1547-78) in Zieroldsplatz commemorates the son born in Regensburg to Emperor Charles V and Barbara Blomberg, a local craftsman's daughter. His name went down in history as the 'Saviour of the Western World' as a result of his victory over the Turkish fleet at the Battle of Lepanto in 1571. The original statue stands in Messina (Sicily).

La statua di Don Juan d'Austria (1547-78) nella Zieroldsplatz è dedicata al figlio di Carlo V e di Barbara Blomberg, donna di origine borghese, che era nato a Regensburg. Don Juan sconfisse la flotta turca nella battaglia navale di Lepanto nel 1571 ed è passato alla storia come il "Salvatore dell'Occidente". La statua originale si trova a Messina in Sicilia.

In der Kramgasse zwischen Wahlenstraße und Dom lebte die Familie Blomberg, aus der Barbara Blomberg stammte, die 1546 die Geliebte Kaiser Karls V. bei seinem Regensburger Reichstagsaufenthalt wurde. Eine Gedenktafel erinnert auch an den Fabrikanten Oskar Schindler (1908-74), der im Zweiten Weltkrieg mehr 1200 Juden vor den Nationalsozialisten rettete und 1945-49 in Regensburg lebte. Sein Leben wurde 1994 von Steven Spielberg als „Schindlers Liste“ verfilmt.

Barbara Blomberg's family lived in Kramgasse, the narrow street leading from Wahlenstrasse to the Cathedral. She became Emperor Charles V's mistress while he was attending the Imperial Diet in 1546. There is also a memorial tablet here for Oskar Schindler (1906-74), an industrialist who saved more than 1200 Jews from the National Socialists during the Second World War. He lived in Regensburg from 1945-49. Steven Spielberg filmed the story of his life in 1994 as 'Schindler's List'.

Nella Kramgasse, una stradina tra la Wahlenstraße ed il Duomo viveva la famiglia d'origine di Barbara Blomberg. Quest'ultima diventò l'amante dell'imperatore Carlo V nel corso del suo soggiorno a Regensburg nel 1546 in occasione della Dieta Imperiale. Qui si trova inoltre una targa commemorativa dedicata all'industriale Oskar Schindler (1908-74), che nella seconda guerra mondiale ha salvato più di 1200 ebrei dalla persecuzione nazionalsocialista e che visse a Regensburg dal 1945 al 1949. Alla sua vita è stato dedicato da Steven Spielberg nel 1994 il film "La lista di Schindler".

Zu den stimmungsvollsten mittelalterlichen Straßen der Stadt gehört die von gotischen Fassaden und Patriziertürmen geprägte Gasse Hinter der Grieb. Ihr Name leitet sich von einer Senke oder Grube her, in der offen ein Arm des Stadtbaches verlief.

One of the most picturesque mediaeval streets in the city centre is Hinter der Grieb with its Gothic facades and patrician towers. The street's name is derived from the German word Grube (i.e. ditch, pit), referring to the fact that a tributary of the stream that flows through the city centre used to be visible at street-level here.

Il vicolo Hinter der Grieb, con le caratteristiche facciate gotiche e le torri patrizie, è senza dubbio una delle stradine medievali più pittoresche della città. Il suo nome deriva dalla parola tedesca Grube, ossia fossa, ed indica l'infossamento nel quale scorreva a cielo aperto uno dei rami del ruscello cittadino ora scomparso.

Auf der Südseite des Bismarckplatzes ließ Fürstprimas Carl Theodor von Dalberg von Joseph Emanuel von Herigoyen 1805 das vornehmste klassizistische Palais der Stadt als Sitz des französischen Gesandten am Reichstag errichten. Es diente seit 1810 als Wohnung der Regierungspräsidenten und später als Polizeidirektion und nun als städtisches „Haus der Musik".

Prince-Primate Carl Theodor von Dalberg commissioned Emanuel d'Herigoyen to build the city's most magnificent neoclassical mansion at the southern end of Bismarckplatz. The building was originally the residence of the French ambassador at the Imperial Diet, but after 1810 the president of the regional government lived in it. It later became the police headquarters and now the city's 'Haus der Musik' (House of Music).

Sul lato a sud della Bismarckplatz il Primo Principe Carl Theodor von Dalberg fece costruire da Joseph Emanuel von Herigoyen nel 1805 il palazzo in stile neoclassico più aristocratico della città come dimora dell'ambasciatore francese alla Dieta Perpetua. Dal 1810 ha ospitato il presidente del Governo regionale ed è poi diventato la sede della questura e ora della Haus der Musik (Casa della Musica) della città.

1804 schenkte Carl Theodor von Dalberg seiner Stadt ein Theater mit einem großen Festsaal am heutigen Bismarckplatz, erbaut von Joseph Emanuel von Herigoyen. Nach einem Brand 1849 wurde es von dem fürstlich Thurn und Taxis'schen Baurat Carl Victor Keim wieder aufgebaut. Heute ist das Theater Regensburg ein Fünf-Sparten-Haus für Musiktheater (Oper, Operette, Musical), Schauspiel, Tanz, Orchester und Kinder- und Jugendtheater (Junges Theater).

In 1804, Carl Theodor von Dalberg presented his city with a building comprising a theatre and a large hall for cultural events. Designed by Emanuel d'Herigoyen, it was erected in what is now Bismarckplatz. After a fire in 1849, the complex was rebuilt by Carl Victor Keim, the architect of the Princes of Thurn and Taxis. Nowadays Regensburg's theatre offers entertainment of five different types: music productions (opera, operetta, musicals); drama; dance theatre; orchestral music; productions for children and young people.

Nel 1804 Carl Theodor von Dalberg fece dono alla sua città di un teatro con una grande sala delle feste che è situato nell'odierna Bismarckplatz e che è stato costruito da Joseph Emanuel von Herigoyen. Dopo un incendio, nel 1849, venne ricostruito da Carl Victor Keim, l'architetto dei principi Thurn und Taxis. Oggi il teatro di Ratisbona ospita cinque categorie artistiche: il teatro lirico (opera, operetta, commedia musicale), arte drammatica, danza, orchestra e teatro per bambini e ragazzi.

Vom Nordturm der 1627-31 erbauten evangelischen Dreieinigkeitskirche bietet sich ein beeindruckender Rundblick, beherrscht vom Dom und den hohen Türmen der Bürgerhäuser und des Rathauses. In der Mitte leuchtet von den Ausläufern der Winzerer Höhen die nach der letzten großen Pestepidemie 1713-15 erbaute Dreifaltigkeitskirche herüber.

From the north tower of the Protestant Holy Trinity Church, built 1627-31, there is a magnificent panoramic view, dominated by the Cathedral and the towers of the patrician houses and the Old Town Hall. To the north, the most striking feature is the Roman Catholic Holy Trinity Church at the end of the Winzerer Höhen, the heights beyond the Danube. It was built in 1713-15 after the city's last major outbreak of bubonic plague.

Dalla torre nord della chiesa evangelica della Trinità (Dreinigkeitskirche), edificata nel 1627-31, si può godere una vista mozzafiato dominata dal duomo e dalle alte torri delle case borghesi e del municipio. Al centro, dalle colline di Winzer, risplende la chiesa cattolica della Santa Trinità (Dreifaltigkeitskirche), costruita nel 1713-15 dopo l'ultima grande epidemia di peste.

Seit dem 10. Jh. lebte im Bereich des heutigen Neupfarrplatzes bis zum Pogrom vom 21. Februar 1519 eine der ältesten Judengemeinden Deutschlands. Den Standort der Synagoge markiert seit 2005 ein Relief des jüdischen Künstlers Dani Karavan. Neben der 1519 abgebrochenen Synagoge entstand die Wallfahrtskirche zur Schönen Maria, die 1542 die erste evangelische Kirche der Stadt wurde.

One of Germany's oldest Jewish communities lived in the area of present-day Neupfarrplatz from the 10th century until the pogrom of February 21, 1519. Since 2005, a relief designed by the Jewish artist Dany Karavan has marked the site of the synagogue. This was demolished in 1519 and, soon afterwards, a church was built on an adjoining site for the pilgrims who flocked to a sacred painting known as 'Mary the Beautiful'. In 1542, this church became the city's first Protestant place of worship.

Dal X sec. fino al pogrom avvenuto il 21 febbraio 1519 viveva, nella zona intorno all'odierna Neupfarrplatz, una delle comunità ebraiche più antiche di tutta la Germania. La posizione della sinagoga è marcata, dal 2005, da una struttura a rilievo dell'artista ebreo Dani Karavan. Al posto della sinagoga demolita nel 1519 sorse poi il santuario zur Schönen Maria che diventò, nel 1542, la prima chiesa evangelica della città.

Gegenüber dem Dom bietet der Komplex des Hauses Heuport und des heutigen Hotels Kaiserhof ein beeindruckendes Beispiel machtvoller Patrizierarchitektur der frühen und hohen Gotik. In den großen Festsaal im ersten Obergeschoss führt im Innenhof eine repräsentative, breite Treppe.

The group of buildings opposite the Cathedral, including Heuport House and what is now a hotel, the Kaiserhof, is an example of magnificent early and high-Gothic patrician architecture that was built to impress. A splendid, wide staircase leads from the inner courtyard to the banqueting hall on the first floor.

Di fronte al Duomo il complesso di edifici formato dalla Haus Heuport e dal moderno Hotel Kaiserhof offre un esempio sorprendente dell'architettura patrizia gotica dall'inizio fino al suo periodo di maggior fioritura. Un'ampia e splendida scalinata conduce dal cortile interno alla grande sala delle feste situata al primo piano.

Bischof, König, Fürst und Herzog
Bishop, King, Prince and Duke
Vescovo, Re, Principe e Duca

Der Dom St. Peter ist die bedeutendste gotische Kathedrale östlich des Rheins. Der Bau begann nach dem Brand des Vorgängerbaus 1273 im Bereich des Südchores. Um 1310 war der Hauptchor vollendet, seit 1340 baute man an der Westfassade. Um 1500 wurde der Dombau in Höhe der Glockenstühle der Türme eingestellt und erst 1859-69 mit dem Bau der Turmobergeschosse und Turmhelme abgeschlossen.
Das Innere des Doms wird durch seine zahlreichen erhaltenen mittelalterlichen Glasfenster in ein farbiges Licht getaucht, das schon damals die Menschen faszinierte. Im westlichen Teil des Mittelschiffs steht das 1611 errichtete Grabdenkmal für Kardinal Philipp Wilhelm von Bayern († 1598), ein Werk des Münchner Hofbildhauers Hans Krumper.

St Peter's Cathedral is the most important Gothic cathedral east of the Rhine. Building work began near the south choir in 1273, after the previous building had burnt down. By about 1310, the choir had been completed and the masons continued work on the west front from 1340. After the belfries in both towers had been completed, building operations ceased about 1500, and did not resume until 1859, when work began on the upper storeys of the towers, and on the spires. The latter were finished in 1869.
The cathedral's interior is bathed in a soft, multi-coloured light coming through the many original mediaeval stained-glass windows, a phenomenon that has always exerted a great fascination. At the western end of the nave stands the tomb of Cardinal Philipp-Wilhelm of Bavaria (d. 1598). It was placed there in 1611 and is the work of Hans Klumper, a sculptor at the court in Munich.

Il Duomo di San Pietro è la cattedrale gotica più importante ad est del Reno. La sua costruzione cominciò nel 1273 dalla zona del coro a sud, dopo che un incendio aveva distrutto l'edificio precendente. Verso il 1310 fu terminato il coro principale, dal 1340 si passò alla costruzione della facciata ovest. Verso il 1500 i lavori di costruzione del Duomo furono interrotti all'altezza del punto di attaccatura delle campane e furono portati a termine soltanto negli anni 1859-69 con la costruzione dei piani superiori e delle punte delle torri. L'interno del Duomo è immerso in una morbida luce policroma proveniente dalle numerose finestre di vetro medievali colorate, tuttora conservate, che affascinano da secoli i visitatori. Nella parte a ovest della navata centrale si trova il monumento funerario eretto, nel 1611, per il cardinale Philipp Wilhelm di Baviera († 1598), un'opera dello scultore di corte Hans Krumper di Monaco.

Das strahlende Lachen des Engels aus der Verkündigungsgruppe des Erminoldmeisters von 1280 ist längst ein Wahrzeichen des Doms und der Stadt geworden.

The radiant smile of the angel in the Annunciation group by the 'Erminold Master' has long since become a symbol of the Cathedral and of the city as a whole.

Il sorriso luminoso dell'angelo del gruppo dell'Annunciazione del Maestro Erminoldo del 1280 è diventato già da molto tempo un simbolo non solo del Duomo, ma anche della città.

Der Domkreuzgang diente im Mittelalter der Verbindung des inneren Dombezirks. Hier gelangten die Domherren und der Bischof von ihren Wohnungen in den romanischen Dom, nach St. Stefan oder in den Kapitelsaal. Für wohlhabende Bürger war es ein besonderes Privileg, hier bestattet zu werden. Die ältesten Teile des Kreuzgangs mit seiner breiten Mittelhalle stammen aus dem frühen 12. Jahrhundert, die nach Osten und Westen anschließenden Flügel wurden um 1410-30 eingewölbt.

During the Middle Ages, the cathedral cloisters linked the various buildings in the inner cathedral precinct. The canons and the bishop used them when making their way from their private apartments to the Romanesque cathedral, St Stephen‘s Chapel or the Chapter House. For wealthy laymen from the city, it was a privilege to be laid to rest here. The oldest sections of the cloisters date from the 12th century. The vaulting in the adjoining east and west wings was added in about 1410-30.

Il chiostro della cattedrale serviva, nel Medioevo, per collegare gli edifici situati entro la cinta del Duomo. In questo modo i canonici e il vescovo potevano raggiungere il duomo romanico, la cappella di Santo Stefano o la sala capitolare direttamente dai loro appartamenti. Per i cittadini benestanti essere sepolti qui era un privilegio. Le parti più antiche del chiostro risalgono all'inizio del XII secolo, le gallerie a est e a ovest furono edificate verso il 1410-30.

Zahllose Figuren, Heilige und Dämonen, bevölkern den Dom. Wie hier bei der Gestaltung von Wasserspeiern waren der Fantasie der mittelalterlichen Steinmetzen keine Grenzen gesetzt.

The Cathedral is 'peopled' by countless figures, saints and demons. The imagination of the mediaeval masons was boundless, as can be seen here from the gargoyles they designed.

Il Duomo è 'popolato' da numerose figure, santi e demoni. Questo doccione esemplifica come non fossero posti limiti alla fantasia degli scalpellini medievali.

Die Allerheiligenkapelle an der Mittelhalle des Domkreuzganges wurde um 1160 von lombardischen Bauleuten als Grablege für Bischof Hartwig I. (1155-64) erbaut. Der kleine Zentralbau zählt zu den Höhepunkten romanischer Architektur in Bayern.

All Saints' Chapel, opening off the central hall of the Cathedral cloisters, was built c. 1160 by masons from Lombardy as a last resting-place for Bishop Hartwig I (1155-64). The small octagonal chapel is one of the masterpieces of Romanesque architecture in Bavaria.

La cappella di Ognissanti nell'atrio centrale del chiostro del Duomo, fu edificata da costruttori lombardi nel 1160 ed era destinata ad essere l'ultima dimora del vescovo Hartwig I (1155-64). La piccola cappella ottagonale centrale rappresenta uno dei punti più alti dell'architettura romanica in Baviera.

Die figuren- und formenreichen Anlage des mittleren Westportals am Dom ist in der deutschen Gotik einzigartig. Dem um 1381 vollendeten Portal mit seinem Figurenzyklus des Marienlebens wurde um 1415-20 ein dreieckiger Baldachin mit einem von Apostelfiguren umgebenen Freipfeiler vorgesetzt.

The wealth of statues and mouldings on the central section of the Cathedral's great west doorway is unique in German Gothic architecture. The portal with its series of statues illustrating the Virgin Mary's life was completed in 1381. A three-sided canopy with a free-standing pillar surrounded by statues of the Apostles was placed in front of the doorway in 1415-20.

L'insieme di personaggi e di ornamenti del portale occidentale centrale del Duomo è unico nell'arte gotica tedesca. Questo portale, terminato nel 1381, presenta un ciclo di sculture che illustrano la vita della Vergine. Verso il 1415-20 è stato sormontato da un baldacchino triangolare sostenuto da un pilastro isolato circondato da statue degli apostoli.

Die Porta Praetoria, das um 179 n. Chr. unter Kaiser Marc Aurel entstandene Nordtor des römischen Legionslagers Castra Regina, ist neben der Porta Nigra in Trier der einzige weitgehend erhaltene römische Torbau nördlich der Alpen.

The Porta Praetoria, the northern gate of the Roman legionary camp of Castra Regina, was erected c. 179 A.D., while Marcus Aurelius was emperor in Rome. Together with the Porta Nigra in Trier, the Porta Praetoria is the only largely intact Roman town gate north of the Alps.

La Porta Praetoria, che fu fatta costruire nel 179 d. C. sotto l'imperatore romano Marco Aurelio, era la porta settentrionale del campo romano di Castra Regina ed è, insieme alla Porta Nigra di Treviri, l'unica porta romana ad essersi conservata quasi completamente intatta a nord delle Alpi.

Seit dem frühen Mittelalter lag die Residenz der Regensburger Bischöfe an der Nordseite des einstigen römischen Legionslagers nahe der Porta Praetoria. Der Nordflügel des Bischofshofes mit seinen Arkaden von etwa 1520 gehört zu den frühesten Beispielen der Renaissancearchitektur in Bayern. Davor steht ein Brunnen mit der Geschichte der Gänsepredigt, geschaffen 1980 von Joseph Michael Neustifter aus Eggenfelden in Niederbayern.

From the early Middle Ages, Regensburg's bishops had their residence near the Porta Praetoria, on the northern boundary of the former Roman legionary camp. The north wing of the Bishop's Palace, with arcades dating from about 1520, is one of the earliest examples of Renaissance architecture in Bavaria. Just in front of it, there is a fountain that tells the story of the sermon to the geese. It was designed in 1980 by Joseph Michael Neustifter from Eggenfelden in Lower Bavaria.

Dall'alto Medioevo la residenza dei vescovi di Regensburg si trovava vicino alla Porta Praetoria al confine settentrionale dell'allora campo romano. L'ala a nord del Bischofshof (Palazzo Vescovile), con le sue arcate che risalgono circa al 1520, è uno degli esempi più antichi dell'architettura rinascimentale bavarese. Davanti ad esso si trova una fontana creata nel 1980 da Joseph Michael Neustifter di Eggenfelden (Bassa Baviera).

Die in der zweiten Hälfte des 9. Jh. von Kaiser Ludwig dem Deutschen als Palastkapelle erbaute Alte Kapelle am Alten Kornmarkt wurde 1002 von Kaiser Heinrich II. erneuert. Das damals gegründete Kanonikatstift ließ der Kirche in der zweiten Hälfte des 18. Jahrhunderts ein überaus prächtiges Rokokokleid anlegen.

The church known as the Old Chapel in Kornmarkt was built in the second half of the 9th century by Emperor Ludwig the German as his palace chapel. It was renovated by Emperor Henry II in 1002. The canonical foundation established at that time had the church refurbished in exuberant rococo style during the second half of the 18th century.

La Vecchia Capella all'Alter Kornmarkt fu fatta edificare nella seconda metà del IX sec. dall'imperatore Ludovico il Tedesco come capella palatina. Nel 1002 fu fatta rinnovare dall'imperatore Enrico II. La Fondazione Canonica risalente a quell'epoca fece ridecorare la chiesa in esuberante stile rococò durante la seconda metà del XVIII sec.

Von 1180 bis um 1230 residierten die Wittelsbacher als Herzöge von Bayern in der alten bayerischen Hauptstadt Regensburg. Von dem 1210/20 erneuerten Herzogshof steht nach dem Abbruch 1937 am Alten Kornmarkt noch der Ostflügel mit dem Herzogssaal und einer Kapelle.

From 1180 until 1230, members of the House of Wittelsbach, then Dukes of Bavaria, resided in the old Bavarian capital city of Regensburg. Nearly the whole of the dukes' palace, which had been rebuilt by the Wittelsbachs in 1210/20, was pulled down in 1937. All that remains in Alter Kornmarkt is the east wing containing the dukes' great hall and a chapel.

Dal 1180 al 1230 i membri della casata Wittelsbach, che erano allora i duchi di Baviera, avevano stabilito la propria residenza a Regensburg, la vecchia capitale della Baviera. Quasi l'intero palazzo ducale, che era stato ricostruito dai Wittelsbach nel 1210/20, fu demolito nel 1937. Ciò che rimane all'Alter Kornmarkt è ora l'ala orientale che comprende la sala ducale e una cappella.

Die ehemalige Dompfarrkirche St. Ulrich neben dem Herzogshof, um 1225-50 errichtet, gehört zu den ersten und bedeutendsten Bauten der Gotik in Süddeutschland. Heute beherbergt sie das Diözesanmuseum.

St Ulrich's Church, formerly the Cathedral's parish church, stands beside the Duke's Palace. Erected c. 1225-50, it is among the earliest and most important Gothic buildings in Southern Germany. Today it houses the Diocesan Museum.

L'ex-chiesa parrocchiale del Duomo St. Ulrich vicino al Palazzo Ducale, edificata intorno al 1225-50, è una delle prime e più importanti costruzioni gotiche della Germania meridionale. Oggi ospita il Diozesanmuseum (Museo Diocesano).

Das ehemalige Benediktinerkloster St. Emmeram, das um 739 wohl vom hl. Bonifatius am Grab des Märtyrerbischofs Emmeram als Bischofskloster gegründet wurde und zur gefürsteten Reichsabtei aufstieg, ist eine der ältesten und ehrwürdigsten Stätten des Christentums in Deutschland (rechts).

The former Benedictine Abbey of St Emmeram was probably founded as a bishop's monastery by St Boniface about 739, near the grave of the martyr-bishop Emmeram. It eventually became an imperial abbey whose abbot held the rank of a prince. It is thus one of the most ancient and venerable Christian sites in Germany (right).

L'ex-abbazia benedettina di St. Emmeram è stata fondata intorno al 739 da S. Bonifacio sulla tomba del vescovo martire Emmeram. Essa è diventata in seguito l'abbazia imperiale dell'abate principe ed è uno dei luoghi più antichi e più venerabili del Cristianesimo in Germania (a destra).

Die in ihren ältesten Teilen aus dem 8. Jahrhundert stammende Klosterkirche St. Emmeram erhielt 1731-33 anlässlich der Erhebung des Abtes Anselm Godin in den Reichsfürstenstand durch den Maler Cosmas Damian Asam und seinen Bruder, den Stuckator Egid Quirin, eine prachtvolle Barockausstattung. Sie sollte die geschichtliche und politische Bedeutung des Klosters veranschaulichen.

The oldest parts of St Emmeram's Abbey Church date from the 8th century. In 1731-33, at the time when the title of imperial prince was bestowed on Abbot Anselm Godin, the painter Cosmas Damian Asam and his brother Egid Quirin, who was famous for his stucco work, decorated the church in magnificent baroque style in order to demonstrate the abbey's historical and political importance.

Negli anni 1731-33, in occasione della nomina dell'abate Anselmo Godin a Principe Imperiale, il monastero di St. Emmeram, le cui parti più antiche risalgono all'VIII sec., ricevette una sontuosa veste barocca per mano del pittore Cosmas Damian Asam e di suo fratello, lo stuccatore Egid Quirin. In questo modo si voleva sottolineare, anche visivamente, l'importanza storica e politica del monastero.

Von 1748 bis 1806 waren die Fürsten von Thurn und Taxis als Vertreter des Kaisers auf dem Immerwährenden Reichstag in Regensburg tätig. Nach dem Ende des Heiligen Römischen Reiches richteten sie ihre Residenz in der ehemaligen Fürstabtei St. Emmeram ein. Fürst Albert (1867-1952) ließ von seinem Architekten Max Schulze 1883-88 den Südflügel des Schlosses im Stil der deutschen Renaissance erbauen und mit geradezu märchenhafter Pracht ausstatten.

From 1748 until 1806, the Princes of Thurn and Taxis were the Emperor's representatives at the Perpetual Imperial Diet in Regensburg. Following the dissolution of the Holy Roman Empire, they converted the former imperial abbey of St Emmeram into their residence. Prince Albert (1867-1952) commissioned his architect Max Schulze to erect the palace's south wing in German Renaissance style between 1883 and 1888 and to decorate it with fairy-tale splendour.

Dal 1748 al 1806 i principi Thurn und Taxis furono i rappresentanti dell'imperatore alla Dieta Imperiale Perpetua. Dopo la fine del Sacro Romano Impero istituirono la loro residenza nella vecchia abbazia principesca di St. Emmeram. Tra il 1883 e il 1888 il principe Alberto (1867-1952) fece costruire dal suo architetto Max Schulze l'ala sud del castello nello stile rinascimentale tedesco che fece decorare con opulenza quasi fiabesca.

Fürst Carl Anselm von Thurn und Taxis (1733-1805) schenkte der Stadt Regensburg 1779-81 eine Allee, die sich bis heute als markanter Grüngürtel um die mittelalterliche Altstadt legt. Zum Dank setzte Fürstprimas Carl von Dalberg dem Stifter der Allee 1806 ein Denkmal in Form eines Obelisken, ein Entwurf seines Hofarchitekten Emanuel Joseph von Herigoyen.

Prince Carl Anselm of Thurn and Taxis (1733-1805) presented the city with the tree-lined avenue which still surrounds the mediaeval city centre like a delightful green belt. As a token of gratitude, Prince Bishop Carl von Dalberg set up a memorial to the donor of the avenue in the form of an obelisk designed by his court architect, Emanuel Joseph von Herigoyen.

Il principe Carlo Anselno di Thurn und Taxis (1733-1805) donò alla città di Ratisbona nel 1779-81 un viale alberato che ancora oggi rappresenta la caratteristica cintola verde intorno alla città vecchia. In segno di gratitudine il Primo Principe Carl von Dalberg fece erigere nel 1806 un monumento a forma di obelisco secondo un progetto del suo architetto di corte, Emanuel Joseph von Herigoyen.

Im Auftrag der Stadt Regensburg baute der Münchner Architekt Ludwig Foltz 1854-56 nahe dem Ostentor über dem Stadtgraben für den bayerischen König Maximilian II. eine Sommerresidenz. Die Königliche Villa entstand unter dem Einfluss der englischen Neugotik.

The City of Regensburg commissioned Ludwig Foltz, an architect from Munich, to design a summer residence for the Bavarian monarch, Maximilian II, near the East Gate, on the site of the city moat. The Royal Villa, in English neo-Gothic style, was built in 1854-56.

Su incarico della città di Regensburg l'architetto Ludwig Foltz di Monaco costruì, nel 1854-56, una residenza estiva per il re di Baviera, Massimiliano II vicino alla Porta Orientale presso i fossati difensivi cittadini. La Königliche Villa (Villa Reale) risente dell'inflluenza dello stile neogotico inglese.

Die im Stadtosten am heutigen Dachauplatz um 1260/70 erbaute Minoritenkirche St. Salvator erhielt in der ersten Hälfte des 14. Jh. einen neuen Chor. Im ehemaligen Franziskanerkloster wurde 1933-36 das Historische Museum der Stadt eingerichtet.

St Saviour's Church was built by the Franciscan Minorite Order about 1260/70 to the east of the city centre, near present-day Dachauplatz. A new choir was added to it in the first half of the 14th century. The City Museum was set up in the former Franciscan friary in 1933-36.

La chiesa dei Minoriti di S. Salvatore è stata costruita nella parte orientale della città, nell'odierna Dachauplatz, intorno al 1260/70. Un nuovo coro è stato aggiunto nella prima metà del XIV sec. Nell'ex convento francescano è stato allestito, negli anni tra il 1933-36, il Museo Storico della città.

Die 1634 von Kaiser Ferdinand II. nach Regensburg gerufenen Karmeliten erbauten 1641-55 ihr Kloster am Alten Kornmarkt. Die nach römischen Vorbildern gestaltete Fassade der barocken Klosterkirche St. Joseph setzte in der mittelalterlichen Stadt einen ungewöhnlichen Akzent.

Monks of the Carmelite Order, summoned to Regensburg in 1634 by Emperor Ferdinand II, built their monastery in Alter Kornmarkt in 1641-55. The façade of the baroque monastery of St Joseph was decorated in the style of Roman buildings, making it an unexpected sight in the mediaeval city.

I Carmelitani, chiamati a Regensburg nel 1634 dall'imperatore Ferdinando II, costruirono nel 1641-55 il loro monastero presso l'Alter Kornmarkt (il vecchio mercato del grano). La facciata barocca del monastero di St. Joseph, decorata secondo lo stile degli edifici romani, diede un nuovo ed insolito accento alla città medievale.

Irische Benediktinermönche erbauten im 12. Jh. westlich der Stadt die Klosterkirche St. Jakob, eine der schönsten romanischen Kirchen Süddeutschlands. Das rätselhafte Nordportal aus der Zeit um 1150-75 mit seinem überaus reichen Ornament- und Figurenschmuck ist die aufwändigste romanische Portalanlage des 12. Jh. im deutschen Sprachraum.

Irish Benedictine monks built the Abbey Church of St James on a site to the west of the city in the 12th century. It is one of Southern Germany's finest Romanesque churches. The mysterious north portal, dating from 1150-75, is very richly decorated with carved figures and ornaments and is the most elaborate 12th-century Romanesque church portal in the German-speaking area.

Alcuni monaci benedettini irlandesi costruirono, nel XII sec., nella parte occidentale della città, la chiesa conventuale di St. Jakob, una delle più interessanti chiese romaniche della Germania meridionale. L'enigmatico portale sul lato nord, che risale al 1150-75, con le sue decorazioni ornamentali e figurative estremamente ricche, è il portale romanico più complesso ed elaborato del XII sec. in ambiente tedesco.

Der Blick über die Stadt zeigt die beherrschende Stellung des Doms St. Peter und das glitzernde Band der Donau, die bei Regensburg ihren nördlichsten Punkt erreicht und Jahrhunderte lang die Lebensader der Stadt war.

The view over the city shows the dominant position of St Peter's Cathedral and the gleaming band of water that is the River Danube. The great waterway, which reaches its northernmost point near Regensburg, was the city's main thoroughfare for many centuries.

Il panorama della città sottolinea la posizione dominante del Duomo di San Pietro e della fascia lucente delle acque del Danubio che a Regensburg raggiunge il suo punto più settentrionale e che è stato per secoli l'arteria principale della città.

Ausblicke
Distant Views
Prospettive

1830-42 erbaute Leo von Klenze im Auftrag König Ludwigs I. von Bayern bei Donaustauf, einige Kilometer östlich von Regensburg, die Walhalla in Form eines griechischen Tempels mit einem mächtigem Unterbau. Als Ruhmeshalle großer Persönlichkeiten der deutschen Geschichte ist sie ein Hauptwerk klassizistischer Architektur (links).

In 1830-42, King Ludwig I of Bavaria commissioned Leo von Klenze to construct the Walhalla, a building in the form of a Greek temple with a massive substructure, on a site at Donaustauf, a few kilometres east of Regensburg. The hall of fame, which commemorates great figures in German history, is a major example of neo-classical architecture (left).

A Donaustauf, a qualche chilometro a est di Regensburg, Leo von Klenze costruì per conto del re Ludwig I di Baviera il Walhalla negli anni tra il 1830 e il 1842. L'edificio, la cui forma si ispira a quella di un tempio greco con un imponente basamento, è stato pensato come una 'hall of fame' per le grandi personalità della storia tedesca ed è uno degli esempi principali dell'architettura neoclassica (a sinistra).

Nach Plänen Friedrich von Gärtners und Leo von Klenzes erbaute König Ludwig I. auf dem Michelsberg, von Regensburg etwa 30 Kilometer donauaufwärts, 1842-63 die Befreiungshalle als Denkmal für den Sieg über Napoleon im Deutschen Befreiungskrieg 1813.

In 1842-63, King Ludwig I of Bavaria had the Hall of Liberation built on the Michelsberg, which overlooks the Danube about 30 kilometres upstream from Regensburg. The architects of this monument to the German victory over Napoleon in 1813 which ended the War of Liberation, were Friedrich von Gärtner and Leo von Klenze.

Ludwig I, nel 1842-63, re di Baviera fece costruire, su progetto di Friedrich von Gärtner sulla collinetta Michelsberg presso Kelheim che sovrasta il Danubio a una trentina di chilometri da Regensburg la Befreiungshalle (Sala della Liberazione) per ricordare la vittoria su Napoleone nella Guerra di Liberazione del 1813.

Zu Beginn des 18. Jh. wurde das im frühen Mittelalter gegründete Benediktinerkloster Weltenburg bei Kelheim neu gebaut. Die zu den bedeutendsten Barockbauten Bayerns zählende Klosterkirche St. Georg errichteten die Brüder Cosmas Damian und Egid Quirin Asam ab 1716. Der Donaudurchbruch, an dem das Kloster liegt, steht seit 1840 unter Naturschutz und erhielt 1978 das Europadiplom des Europarates.

The abbey at Weltenburg, an early mediaeval foundation, was rebuilt in the early 18th century. The Abbey Church of St George, one of Bavaria's outstanding baroque buildings, was erected by the brothers Cosmas Damian and Egid Quirin Asam from 1716. The nearby Danube Gorge has been a protected area since 1840 and was awarded the European Diploma by the Council of Europe in 1978.

All'inizio del XVIII sec., fu rinnovato radicalmente il monastero benedettino di Weltenburg che era stato fondato nell'alto Medioevo. La chiesa conventuale di S. Giorgio, che è una delle costruzioni barocche più significative della Baviera, è stata edificata dai fratelli Cosmas Damian ed Egid Quirin Asam a partire dal 1716. Le gole e le strettoie rocciose del paesaggio danubiano su cui si affaccia il monastero sono territori protetti dal 1840 e nel 1978 hanno ricevuto il Diploma Europeo dal Consiglio d'Europa.

STADTGESCHICHTE AUF EINEN BLICK

179	Erbauung des römischen Legionslagers Castra Regina
739	Errichtung des Bistums Regensburg durch Winfried-Bonifatius
788	Nach dem Sturz Herzog Tassilos III. wird Regensburg die wichtigste Residenz der Karolinger im Südosten des Reiches
845	Taufe von 14 böhmischen Fürsten
973	Das neue Bistum Prag wird aus dem Bistum Regensburg ausgegliedert
11./12. Jh.	In Regensburg beginnen drei große Kreuzzüge (1096/1147/1189)
1135-46	Bau der Steinernen Brücke
1156	Gründung des Herzogtums Österreich beim Gut Kreuzhof im Osten Regensburgs durch Kaiser Friedrich I. Barbarossa
1180	Regensburg wird Residenzstadt der Wittelsbacher als der neuen Herzöge in Bayern (sie regieren bis 1918)
10.-13. Jh.	Regensburg erlebt seine größte wirtschaftliche Blütezeit
1245	Erhebung zur Freien Reichsstadt
1273-1525	Bau des gotischen Doms
15. Jh.	Niedergang der Wirtschaftskraft
1519	Regensburger Pogrom
1541	Mit der „Constitutio Criminalis Carolina" schafft Kaiser Karl V. die Grundlage des modernen Strafrechts
1542	Einführung der Reformation
16./17. Jh.	Zustrom vieler protestantischer Religionsflüchtlinge aus dem Südosten des Reiches
1630	Absetzung Wallensteins und Tod Johannes Keplers
1663-1806	Immerwährender Reichstag
1803	Der Reichsdeputationshauptschluss führt zur Säkularisation
1806	Mit dem Rücktritt Kaiser Franz II. und der Auflösung des Reichstages endet in Regensburg das Heilige Römische Reich Deutscher Nation
1803-10	Letztes geistliches Fürstentum Deutschlands unter Carl Theodor von Dalberg
1809	Eroberung durch Napoleon
1810	Regensburg wird bayerisch
1943-45	Alliierte Bombardements mit rund 3000 Opfern, darunter viele Fremdarbeiter
1967	Die Universität nimmt ihren Betrieb auf
2004	Die Bevölkerungszahl von 150.000 wird erreicht. Regensburg gilt als eine der Wachstumsregionen Deutschlands
1995/2004/ 2005	Verleihung des Regensburger Brückenpreises an Władysław Bartoszweski, Hans Koschnik und Václav Havel
2006	Regensburg wird aufgenommen in die Liste des UNESCO-Welterbes Papst Benedikt XVI. besucht Regensburg im Rahmen seiner Bayern-Reise

REGENSBURG'S HISTORY AT A GLANCE

179	Construction of Castra Regina, a Roman legionary camp
739	Foundation of the Regensburg diocese by St Boniface
788	Regensburg becomes the Carolingians' most important seat in the south-east of the Holy Roman Empire after Duke Tassilo III is deposed
845	Baptism of 14 Bohemian princes
973	The Regensburg diocese is divided in two, with Prague becoming the centre of a new diocese
11th-12th centuries	Three major crusades begin in Regensburg (1096/1147/1189)
1135-46	Construction of the Stone Bridge over the Danube
1156	Duchy of Austria is founded by Emperor Frederick Barbarossa near Kreuzhof, a country estate just east of Regensburg
1180	Regensburg becomes the seat of the House of Wittelsbach, the new Dukes of Bavaria (They rule until 1918)
12th-13th centuries	Regensburg's greatest period of economic prosperity
1245	Regensburg is made an imperial free city
1273-1525	Construction of the Gothic cathedral
15th cent.	Economic decline
1519	Pogrom against the Jews in Regensburg
1541	Emperor Charles V creates the basis for the modern penal code by promulgating the 'Constitutio Criminalis Carolina'
1542	Regensburg becomes a Protestant city
16th-17th centuries	Protestant religious refugees flock to Regensburg from the south-eastern regions of the Holy Roman Empire
1630	Dismissal of Wallenstein and death of Johannes Kepler
1663-1806	Perpetual Imperial Diet
1803	A committee of the Imperial Diet passes a resolution secularising (i.e. confiscating) nearly all the Empire's ecclesiastical territories
1806	Regensburg witnesses the end of the Holy Roman Empire of the German Nation as Emperor Francis II abdicates and the Imperial Diet is dissolved
1803-10	Regensburg becomes Germany's last ecclesiastical principality under Carl Theodor von Dalberg
1809	Regensburg is conquered by Napoleon

1810	Regensburg becomes part of Bavaria
1943-45	Allied bombing raids cause approx. 3000 casualties, including many conscripted foreign workers
1967	The University admits its first students
2004	The population rises to 150,000. Regensburg is one of Germany's regions of major economic growth
1995/2004/ 2005	Regensburg's 'Bridge Prize' is awarded to Władysław Bartoszevski, Hans Koschnick, and Václav Havel
2006	Regensburg is included in the UNESCO World Heritage List Pope Benedict XVI visits Regensburg during his official stay in Bavaria

LA STORIA DELLA CITTÀ IN BREVE

179	Viene eretto un campo di coorte romano: Castra Regina
739	Regensburg diventa diocesi per opera del vescovo Winfried-Bonifatius
788	Dopo la deposizione del duca Tassilo III Regensburg diventa la residenza più importante dei Carolingi nella parte sudorientale del Sacro Romano Impero
845	Battesimo di 14 principi boemi
973	La diocesi di Regensburg viene divisa, sorge la nuova diocesi di Praga
XI-XII secc.	Cominciano a Regensburg tre grandi crociate (1096/1147/1189)
1135-46	Costruzione del Ponte di Pietra
1156	Fondazione del Ducato d'Austria da parte dell'imperatore Federico I Barbarossa presso Kreuzhof, una tenuta situata a est di Regensburg
1180	Regensburg diventa la città di residenza della casata dei Wittelsbach, i nuovi duchi di Baviera (regneranno fino al 1918)
X-XIII secc.	Regensburg vive il suo periodo maggiore di splendore economico
1245	Regensburg diventa Città Libera Imperiale
1273-1525	Costruzione del Duomo gotico
XV sec.	Declino economico
1519	Pogrom a Regensburg contro gli ebrei
1541	Con la "Constitutio Criminalis Carolina" l'imperatore Carlo V crea le basi per il moderno Diritto Penale
1542	Introduzione della Riforma
XVI/XVII secc.	Afflusso di molti protestanti, perseguitati per motivi religiosi, provenienti dalla parte sud-orientale del Sacro Romano Impero
1630	Destituzione di Wallenstein e morte di Johannes Kepler
1663-1806	Dieta Imperiale Perpetua
1803	Il decreto "Reichsdeputationshauptschluss" (Recessus Imperii) porta alla Secolarizzazione (ossia alla confisca di tutti i territori ecclesiastici da parte dell'Impero)
1806	Con la rinuncia al trono dell'imperatore Francesco II e con lo scioglimento della Dieta ha fine a Regensburg il Sacro Romano Impero di Nazione Germanica
1803-10	Regensburg diventa l'ultimo principato clericale della Germania sotto Karl Theodor von Dalberg
1809	Regensburg viene conquistata da Napoleone
1810	Regensburg diventa parte del regno bavarese
1943-45	I bombardamenti alleati causano circa 3000 vittime, tra le quali molti lavoratori stranieri
1967	L'università comincia la sua attività
2004	La popolazione raggiunge i 150.000 abitanti. Regensburg è considerata una delle regioni di maggior crescita economica della Germania
1995/2004/ 2005	Viene conferito il premio "Brückenpreis" (Premio del ponte) a Władysław Bartoszewski, Hans Koschnik e Václav Havel
2006	Regensburg viene riconosciuta Patrimonio Mondiale dall´UNESCO Papa Benedetto XVI visita Regensburg nel corso del suo viaggio in Baviera

Sämtliche Abbildungen von Thomas Ferber, Regensburg, mit Ausnahme von Seite 21 (Aufnahme: Uwe Moosburger, Regensburg). Texte von Professor Dr. Peter Morsbach, Regensburg. Veröffentlichung verschiedener Innenaufnahmen mit freundlicher Genehmigung von: Staatliches Bauamt, Priesterseminar St. Wolfgang, Katholisches Pfarramt St. Emmeram und Kollegiatstift Unserer Lieben Frau zur Alten Kapelle (alle Regensburg).

Bibliografische Information der Deutschen Nationalbibliothek
Die Deutsche Nationalbibliothek verzeichnet diese Publikation in der Deutschen Nationalbibliografie; detaillierte bibliografische Daten sind im Internet über http://dnb.d-nb.de abrufbar.

ISBN 978-3-7917-2633-5
© 2014 Verlag Friedrich Pustet, Regensburg

Englische Übersetzung: Alison Thielecke, Regensburg
Italienische Übersetzung: Daniela Ronchei, Regensburg

Einband- und Buchgestaltung: Heike Jörss, Regensburg
Gesamtherstellung: Friedrich Pustet, Regensburg

Printed in Germany 2014
www.verlag-pustet.de